ANALIZA KSIĄŻKI

Grona gniewu

• • • • • • • • • • • • • •

John Steinbeck

ANALIZA KSIĄŻKI

Napisany przez Natacha Cerf
Przetłumaczony przez Kâmil Kowalski

Grona gniewu

JOHN STEINBECK

JOHN STEINBECK

AMERYKAŃSKI PISARZ

- **Urodzony w Salinas (Kalifornia) w 1902 r.**

- **Zmarł w Nowym Jorku w 1968 r.**

- **Godne uwagi prace:**

  - *Myszy i ludzie* (1937), powieść

  - *Grona gniewu* (1939), powieść

  - *Na wschód od Edenu* (1952), powieść

John Steinbeck (1902-1968) był amerykańskim pisarzem, którego powieści (*Myszy i ludzie*, 1937; *Grona gniewu,* 1939; *Na wschód od Edenu*, 1952, itd.) mają dwa podobieństwa: rozgrywają się w jego rodzinnej Kalifornii i mówią o trudnych warunkach życia ludności wiejskiej. Steinbeck, reporter *International Herald Tribune* podczas II wojny światowej, otrzymał literacką Nagrodę Nobla w 1962 roku. Kilka z jego powieści zostało zaadaptowanych na potrzeby kina, co przyczyniło się do wzrostu jego popularności.

GRONA GNIEWU

POWIEŚĆ REWOLUCYJNA

- **Gatunek:** powieść
- **Wydanie źródłowe:** Steinbeck, J. (2016) *The Grapes of Wrath*. Maryland: Hamilton Books.
- **Pierwsze wydanie:** 1939
- **Tematy:** głód, ubóstwo, wsparcie, migracja, bunt, praca

Grona gniewu to powieść wydana w 1939 roku, której akcja rozgrywa się w Stanach Zjednoczonych w czasie kryzysu z 1929 roku, który spowodował najcięższe konsekwencje dla farmerów. Powieść śledzi historię ubogiej rodziny plantatorów, Joadów, którzy są zmuszeni opuścić Oklahomę i swoją ziemię z powodu katastrofalnych warunków klimatycznych, krachu giełdowego i industrializacji rolnictwa. Wyjeżdżają do KalifornII, myśląc, że tam uda im się znaleźć ziemię i pracę. Jednak Joadów i tysiące innych Okies (rdzennych mieszkańców Oklahomy) spotyka jedynie wrogość ze strony rdzennych mieszkańców Zachodu, a także bieda i głód. Mimo to, mężczyźni nie poddają się i pomagają sobie do końca.

PODSUMOWANIE

KONIEC UDZIAŁU W ZBIORACH

Na balu, będąc pijanym, Tom Joad zabija człowieka. Kiedy zostaje zwolniony z więzienia za dobre sprawowanie, postanawia dołączyć do ojca, hodowcy kukurydzy, i jego rodziny: dziadków, Mamy, Ala, Noaha, Rose of Sharon, Winfielda i Ruthie. W podróż udaje się z pastorem Casy. Po dotarciu na miejsce obaj mężczyźni spotykają się z przedstawicielami właścicieli, którzy przyszli ogłosić koniec crop sharingu (sposobu gospodarowania, w którym właściciel wiejskiej posiadłości dzierżawi swoją ziemię rolnikom, sharecropperom, którzy zobowiązują się do uprawy i dzielenia z nim zbiorów) i zastąpienie go traktorem, który w zamian wart jest pracę kilkunastu rodzin. Po decyzji banku dzierżawcy muszą się wyprowadzić. Maszyny otrzymują nawet polecenie zburzenia domów, aby zapewnić opuszczenie ich przez lokatorów.

Kiedy Tom odnajduje swoją rodzinę w domu wuja Johna, ojciec informuje go, że wszyscy wyjeżdżają do Kalifornii. Obszar ten ma reputację raju dla wyrzuconych ze swoich posiadłości sharecropperów. Będzie tam mnóstwo pracy, a życie będzie sielankowe: "Mieliśmy tu ciężkie czasy. 'Oczywiście tam będzie zupełnie inaczej – mnóstwo pracy, i wszystko ładne i zielone, i małe białe domki, i pomarańcze rosnące wokół'" (Rozdział 10). Nie wiedzą jednak, że miejsce jest z pewnością piękne, ale nie wolno im dotknąć ani jednego owocu zebranego przy zbiorze, ani położyć choćby palca na białych domkach. Aby móc wyjechać, rodzina musi sprzedać swoje meble i rzeczy osobiste po śmiesznych cenach, aby kupić ciężarówkę. Casy towarzyszy im, nawet jeśli oznacza to konieczność nakarmienia kolejnej gęby i wciśnięcia do ciężarówki kolejnej osoby: Joadowie nie są ludźmi, którzy odmawiają gościom.

FAŁSZYWA NADZIEJA

Droga do Kalifornii okazuje się trudna ze względu na upał, brak wody i stan techniczny ciężarówki. Okazuje się również fatalna dla dziadka, który umiera na atak serca spowodowany przymusowym opuszczeniem swojej ziemi. Po drodze Joadowie spotykają Wilsonów i postanawiają dokończyć resztę podróży razem i pomagać sobie nawzajem.

Jednak podczas podróży spotykają mężczyzn, którzy wracają z Kalifornii i opowiadają im, że tak naprawdę na Zachodzie nie ma pracy: brakuje ziemi, właściciele trzymają się jej z zapałem i obawiają się przybyszów, którzy mogliby ukraść im miejsca pracy. Tam kobiety i dzieci ze Wschodu głodują, a mężczyźni, nieustannie zastraszani przez miejscowe władze, boją się i nienawidzą. Rozdawane na Wschodzie broszury to oszustwo wprowadzone w celu przyciągnięcia ludzi, ograbienia ich z dobytku i wykorzystania.

W obozie Tom rozmawia z innym emigrantem, który wyjaśnia, dlaczego wysłano te broszury: ilość owoców, które trzeba jak najszybciej zebrać, aby nie zgniły, jest tak duża, że potrzeba co najmniej trzech tysięcy ludzi. Ale przybyło ponad sześć tysięcy osób gotowych walczyć między sobą i przyjąć każde warunki, byle tylko dostać pracę. Z tak dużą siłą roboczą zbiory zostały szybko zakończone.

Dlatego Noe odmawia kontynuowania podróży i zatrzymuje się na brzegu rzeki. W dodatku żona Wilsona jest chora i zbyt słaba, by podróżować dalej: obie rodziny muszą się rozstać. Co więcej, babcia umiera.

Niedługo potem do obozu przybywają mężczyźni: zatrudniają ludzi w imieniu farmera Tulare. Floyd, człowiek z obozu, żąda konkretnej liczby pracowników ze stałym wynagrodzeniem, czyli prawdziwych warunków pracy. Jednak po tym żądaniu szeryf, chcąc zapobiec ewentualnemu buntowi, wysiada z samochodu i zmusza Floyda do wyjazdu na podstawie obłąkanych motywów. Coraz częściej wymieniane są groźby: jeśli mężczyźni nie pójdą do pracy, obóz zostanie podpalony. Floyd uwalnia się z więzów i bije mężczyzn, po czym ucieka. Na pomoc szeryfowi przybywa czterech rewolwerowców. Casy bierze na siebie odpowiedzialność za pobicie, aby chronić swoich. Zostaje zabrany.

OBÓZ RZĄDOWY

Connie, ojciec nienarodzonego dziecka Rose of Sharon, porzuca swoją rodzinę, podczas gdy Joadowie wyruszają w drogę w nadziei na znalezienie miejsca w obozie rządowym. Tam dzieje się dokładnie tak, jak mówią plotki: wreszcie są traktowani jak ludzie. Obóz jest prowadzony i zarządzany przez samych mieszkańców, a wstęp do niego jest zabroniony dla policji.

Władze szukają jednak mężczyzn do wywołania zamieszek wewnątrz obozu, aby móc użyć wymówki, że robotnicy nie są w stanie sami się rządzić i konieczna jest polityka zewnętrzna. Zamknięcie obozów, w których szanuje się Okies, jest ich priorytetem, gdyż mężczyźni, którzy odzyskują godność, stanowią zagrożenie.

Brak pracy w regionie w końcu popycha Joadów do wyjazdu. Wznawiają swoją podróż i zostają skierowani do zbierania brzoskwiń na farmie Hooperów. Kiedy docierają na miejsce, stwierdzają, że baraki są brudne, a w sklepie sprzedaje się tylko jedzenie, które jest poza ich zasięgiem cenowym. Nie mają jednak wyboru i osiedlają się tam.

BUNT

Tom, zdziwiony dużą liczbą strażników na zewnątrz, postanawia przejść się i spotyka Casy'ego. On i inni mężczyźni strajkują, aby zaprotestować przeciwko niskim zarobkom. Podczas dyskusji przybywają uzbrojeni mężczyźni i atakują strajkujących, których określają mianem "brudnych czerwonych". Sprawy przybierają zły obrót i jeden z nich brutalnie uderza Casy'ego, który umiera na skutek odniesionych obrażeń. W furii Tom nokautuje strażnika, ale z kolei zostaje pobity. Wraca ze złamanym nosem i spuchniętą twarzą. Jest teraz zmuszony do ukrywania się. Rodzina Joadów decyduje się na wyjazd.

Niedługo potem znajdują pracę na polach bawełny, gdzie warunki nie są zbyt złe. Są tam wozy, w których są zakwaterowani i możliwość codziennych porcji mięsa. Pobyt jest jednak zbyt niebezpieczny dla Toma, który jest aktywnie poszukiwany przez policję w całym regionie, a po ujawnieniu jego zbrodni przez Ruthie, zmuszony jest do ponownego wyjazdu. Planuje kontynuować walkę z Casy.

Deszcz pada bez przerwy w całym regionie. Namioty emigrantów są zalewane, a burze zmuszają rodziny do wyjazdu do miast. Te hordy głodujących ludzi najpierw wywołują litość mieszkańców miast, potem ich strach i nienawiść. Brak jedzenia sprawia, że Okies gotowi są stracić wszelką godność, kraść i kłamać tylko dla okrucha chleba. Strach przed śmiercią szybko przeradza się w gniew.

Rose of Sharon rodzi martwe dziecko. Deszcz nie ustaje, a poziom wody podnosi się, grożąc napełnieniem wozu. Muszą wyjechać, ale Al postanawia zostać u Wainwrightów w pobliżu ich córki Aggie, którą poznał podczas ich pobytu i którą zamierza poślubić. Mama, Tata, wuj John, Rose of Sharon i dzieci udają się do stodoły w poszukiwaniu schronienia. Tam schronił się już mężczyzna z synem. Mężczyzna umiera z braku pożywienia. Po spojrzeniu mamy, Rose of Sharon rozumie, że matka prosi ją, by ofiarowała swoją pierś głodującemu mężczyźnie. Wszyscy wychodzą z pokoju, a młoda kobieta robi to z uśmiechem.

STUDIUM POSTACI

MAMA

Matka nie ma imienia i od razu okazuje się, że ma silny charakter i ogromną dobroć. Mama Joad jest niezniszczalna, odważna i nieustępliwa. Udowadnia to między innymi podczas epizodu śmierci babci: zostaje sama u jej boku przez całą noc, nie mówiąc nikomu, w obawie, że śmierć zagrozi podróży. Wie, jak być cichą i opanowaną, aby chronić siebie. W tym samym celu potrafi być też brutalna: tak jest, gdy chwyta za lewarek i grozi mężowi, by nie dopuścić do rozdzielenia rodziny (Tom i Casy chcieli ich opuścić z powodu awarii i ponownie dołączyć do nich w Kalifornii). Mama manifestuje w ten sposób nieugiętość swojego charakteru i autorytet. W przeciwnym wypadku jest skromna i nie pokazuje swoich emocji, znowu dla dobra rodziny. Ponadto Mama stoi na straży godności rodziny Joadów: w obozie rządowym dba o to, by wszyscy byli ubrani jak najlepiej na wizytę komisji kobiet.

Steinbeck portretuje archetypiczną matkę, która wyznaje rodowe wartości i wydaje się być opiekuńczą strażniczką domu i jednostki rodzinnej. Niemniej jednak Mama Joad dostrzega ograniczenia swojej funkcji, którą jest zapewnienie codziennego utrzymania, kiedy mówi: "To wszystko, co mogę zrobić. Nie mogę zrobić nic więcej. Cała reszta by się zdenerwowała, gdybym zrobiła coś więcej" (rozdział 13). Ale gwarantuje też strawę duchową, sprzeciwiając się swojej rodzinie, która nie życzy sobie, by pastor Casy ich łączył z powodu braku miejsca i jedzenia: pastor zawsze może pomóc. Uosabia zatem pewną mądrość.

ROSE OF SHARON

Jej imię pochodzi z *Pieśni nad Pieśniami*: "Jestem różą Szaronu, konwalią dolin" (II, 1). Rose jest uosobieniem macierzyństwa. Jest blondynką o łagodnej twarzy i zmysłowym ciele. Jej jedyną troską jest dziecko, które w sobie nosi. Wszystkie zewnętrzne wydarzenia są przez młodą kobietę interpretowane jako boskie znaki: nagła śmierć rodzinnego psa rezonuje jako znak nadchodzącej śmierci jej dziecka. Rose często pokazuje siebie jako dziecinną i naiwną. Na przykład, gdy Connie wyjeżdża, a ona wierzy, że poszedł szukać książek do nauki. Jest też lękliwa i wycofana, nieustannie narzeka. Jednak pod koniec powieści nabiera szlachetności.

TOM

Tom jest synem marnotrawnym, ale jest też najbardziej kruchy. Skazany na siedem lat więzienia, ale zwolniony po czterech latach za dobre sprawowanie, Tom zabił już człowieka. Jego nielegalna sytuacja sprawia, że jest zagrożeniem dla swojej rodziny. Jego zwolnienie warunkowe nie pozwala mu bowiem na przekraczanie granic. Ponadto Tom, który najmniej znosi upokorzenia i niesprawiedliwości, często przekracza granice w kontaktach z lokalnymi władzami: nic nie jest dla niego ważniejsze niż godność, którą szeryfowie starają się mu odebrać. Zabójstwo Casy'ego ostatecznie skazuje go na ukrywanie się.

Jego wypowiedź jest interesująca i zawiera słowa byłego pastora, przyjmującego panteistyczną wizję świata, rządzonego przez najwyższą duszę: istnieje gigantyczna dusza, która jest wspólna dla wszystkich. Ten mistycyzm pozwala mu oczekiwać, że nadal będzie dzielił życie swojej rodziny w sposób rozproszony i niewidoczny. Tom chce też skupić się na działaniu zbiorowym i otworzyć rodzinę na wspólnotę.

ANALIZA

TRUDNY KONTEKST HISTORYCZNY

Steinbeck zdaje relację z nieznośnej rzeczywistości życia robotników migrujących, przybywających na Zachód, by pracować jako sezonowi zbieracze owoców.

Kryzys gospodarczy

Akcja powieści toczy się w czasie Wielkiego Kryzysu, zwanego też kryzysem 1929 roku. W tym czasie skutki bezrobocia były katastrofalne, a duża część społeczeństwa cierpiała z powodu niedożywienia.

Powieść podkreśla w szczególności twarde spojrzenie skupione na biednych w Stanach Zjednoczonych. Amerykańska tradycja indywidualistyczna uznaje bowiem biedę za wynik naturalnej skłonności do lenistwa. Dlatego też przed wprowadzeniem New Deal (ruch reformy gospodarczej i społecznej w USA w 1933 roku) pomoc publiczna i prywatna była rozdzielana oszczędnie i kosztem upokorzenia, aby zniechęcić ludzi do sięgania po nią. Na przykład, aby skorzystać z pomocy, musiało nastąpić wcześniejsze dokładne przeszukanie domu danej osoby w celu zweryfikowania braku środków, a amerykańskie gazety często używały w stosunku do ubogich wrednych tytułów, takich jak "oszustwo opieki społecznej" czy "oszuści pomocy dla bezrobotnych". Wszystko było na miejscu, aby biedni czuli się zawstydzeni i niegodni.

Zachód

Zachód był postrzegany jako obszar wolności ze względu na rozległość jego dziewiczych terenów. Te wolne ziemie popychały człowieka Zachodu w stronę indywidualizmu. To miejsce, gdzie każdy mógł posiadać gospodarstwo rolne przez samo osiedlenie się tam, w naturalny sposób generowało ekonomiczną i polityczną równość; wolność jednostki i równość były wartościami, które dominowały. Tak więc człowiek Zachodu nie popierał już prawnych ograniczeń i każdy utrzymywał porządek stosując własną sprawiedliwość, lub współpracując z innymi ludźmi Zachodu. Ideałem człowieka Zachodu była wolność każdej jednostki do tworzenia własnego losu i odrzucał on wszelką zorganizowaną politykę czy racjonalne metody rządu.

Sytuacja zmieniła się jednak, gdy dotarto do suchych ziem. Nie można było już wejść w posiadanie ziemi, aby działać starymi metodami odosobnionego rolnictwa. Konieczne stało się wdrożenie kosztownych prac irygacyjnych i odblokowanie kapitałów zbyt znacznych dla pojedynczego rolnika. Charakter terenu wymagał więc przezwyciężenia indywidualizmu na rzecz społeczeństwa. Tak narodził się duch przedsiębiorczości i przygody, który doprowadził do szybkiego rozwoju przemysłowego.

Migracja

"Highway 66 to główna droga migrantów. [...] 66 jest drogą ludzi w ucieczce, uchodźców od kurzu i kurczącej się ziemi, od grzmotu traktorów i kurczącej się własności, od powolnej inwazji pustyni na północ, od krętych wiatrów, które wyją z Teksasu, od powodzi, które nie przynoszą żadnego bogactwa do ziemi i kradną to, co jest tam mało bogate. Od tego

wszystkiego ludzie uciekają i wjeżdżają na 66 z bocznych dróg dopływowych, ze szlaków konnych i zrytych dróg wiejskich. 66 to droga macierzysta, droga ucieczki" (rozdział 12).

Susza Dust Bowl (wyrażenie odnoszące się do obszaru od Teksasu do Dakoty Południowej, który w 1933 roku został najechany przez burze pyłowe), a także koniec sharecroppingu i zastąpienie go uprzemysłowionym rolnictwem, zmusiły rodziny do ucieczki na Zachód. W czasie żniw 150 tysięcy migrantów przemierzało Kalifornię, pozbawionych środków do życia i bezdomnych. Miejscowi wytykali im ignorancję i brud i witali ich z wrogością, lekceważąco nazywając ich *Okies* i przyrównując do szympansów, podkreślając odrzucenie nędzy i ubóstwa, które następnie wiązano z brakiem zasług. Ci sezonowi robotnicy popadali w poddaństwo i nie mieli nawet prawa głosu.

Steinbeck, jako zaangażowany dziennikarz, opisał trudne warunki życia tych zmuszonych do koczowania ludzi: przebywali w prowizorycznych obozach zwanych "Hoovervilles" (nawiązanie do urzędującego wówczas prezydenta Hoovera), które można było porównać do slumsów, padali ofiarą niedożywienia, zapadali na różne choroby itp. Poddawano ich procesowi postępującej dehumanizacji. Ponadto farmerzy, w obawie przed buntem, zatrudniali do pilnowania swych instalacji uzbrojoną milicję z palcami zawsze na spuście. Jednak w 1932 roku rząd federalny Franklina Roosevelta chciał pomóc tym zdegradowanym robotnikom: utworzono piętnaście obozów, w których zainstalowano wysokiej jakości urządzenia sanitarne, aby przywrócić ludziom godność. Ponadto, społeczności te były zarządzane przez samych mieszkańców, zgodnie z zasadami socjalizmu.

W swoich artykułach Steinbeck proponował rozwiązania: darowanie ziemi rolnej emigrantom oraz ustanowienie planowania sezonowej siły roboczej w miejscu zbiorów, aby ograniczyć zjawisko masowych wysiedleń i towarzyszącego im spadku płac.

OD GŁODU DO GNIEWU

Jedzenie odgrywa istotną rolę w tym wiejskim świecie, który posiada tylko to, co niezbędne: symbolizuje ono ludzki dramat.

Aluzje do jedzenia są liczne w całej powieści: "Mama otworzyła piec i wyjęła stertę pieczonych kości, chrupiących i brązowych, na których pozostało mnóstwo zgrzytającego mięsa" (rozdział 13); "Mama podała ugotowane ziemniaki, a z namiotu przyniosła pół worka i położyła go razem z patelnią z wieprzowiną" (rozdział 18); "Mama pokroiła soloną wieprzowinę na drugą patelnię" (rozdział 28) itp. Matka dąży do odtworzenia domu poprzez gotowane przez siebie posiłki. Rzeczywiście, dobre jedzenie kojarzy się z ciepłem rodziny zgromadzonej pod jednym dachem, w przeciwieństwie do jedzenia przemysłowego: "kanapki zawinięte w papier woskowany, biały chleb, ogórek, ser, Spam, kawałek ciasta markowego jak część silnika. Jadł bez umiaru" (rozdział 5). Steinbeck potępia również to jedzenie wyprodukowane przez łańcuch, aby nakarmić ludzi, którzy dzięki pośrednictwu maszyny, traktora, nie są już przywiązani do odżywczej ziemi, która jest im teraz obca:

"I to jest łatwe i skuteczne. Tak łatwe, że cud wychodzi z pracy, tak wydajne, że cud wychodzi z ziemi i pracy nad nią, a wraz z cudem głębokie zrozumienie i relacja. [...] Ale człowiek-maszyna, jeżdżący martwym

traktorem po ziemi, której nie zna i nie kocha, rozumie tylko chemię; i jest pogardliwy dla ziemi i dla siebie" (rozdział 11).

Pokonanie głodu staje się główną troską rodziny Joadów, dlatego wieprzowina, symbol zaspokojonego apetytu, nawiedza rozmowy. Ten brak jedzenia powoduje również zaburzenia zachowania, ponieważ głód czyni ludzi egoistami: na początku powieści, kierowca traktora zabiera Toma na przejażdżkę i Tom zwraca mu uwagę, że aby mógł nakarmić swoją rodzinę swoim traktorem, piętnaście innych rodzin umiera z głodu. Głodni ludzie są zmuszeni zapomnieć o swoim obowiązku solidarności, jakim jest kupowanie jedzenia i muszą walczyć po prostu o przetrwanie. Ale Mama nie tylko walczy o swoją rodzinę: wypełnia również swój obowiązek opieki nad dziećmi, które spotyka w Hoovervilles.

Jednak, choć głód osłabia człowieka, to jednocześnie zasadza w nim uczucie buntu, bo człowiek, który doświadczył głodu, już się nie boi: "Jak można przestraszyć człowieka, którego głód jest nie tylko w jego własnym skurczonym żołądku, ale w nędznych brzuchach jego dzieci? Nie można go przestraszyć – on poznał strach ponad wszelką miarę" (rozdział 19). Powstanie głodomorów jest więc postrzegane jako nieusuwalne i niemal organiczne: "I gniew zaczął fermentować" (rozdział 21). Wszystko dzieje się jak w reakcji chemicznej, gdzie głód nie może wywołać nic innego niż gniew. Jest on postrzegany pozytywnie, jako uczucie łączące jednostki, w przeciwieństwie do głodu, który rozbija wspólnotę przez egoizm. Jest to oznaka witalności, dowód, że jest jeszcze dość energii, by wyjść z opresji, a nawet znaleźć lekarstwo na depresję: "A tam, gdzie zebrała się pewna liczba mężczyzn, strach zniknął z ich twarzy, a jego miejsce zajął gniew.

A kobiety westchnęły z ulgą, bo wiedziały, że wszystko jest w porządku – przerwa jeszcze nie nadeszła; a przerwa nigdy nie nadejdzie, dopóki strach będzie mógł przerodzić się w gniew" (rozdział 29).

NARODZINY WSPÓLNOTY

Przymusowy exodus rodziny Joadów powoduje powolną erozję struktury rodzinnej. Matka z naciskiem podkreśla, jak ważne jest utrzymanie jedności i solidarności rodzinnej, która łączy jej członków: "Jedyne, co mamy, to rodzina niezłomna" (rozdział 16). Mama jest świadoma zagrożeń wynikających z wykorzenienia: "To był czas, kiedy byliśmy na lanach. Wtedy to była dla nas granica. Starzy ludzie umarli, a mali chłopcy przyszli, a my zawsze byliśmy jednym – byliśmy rodziną – całą i czystą. A teraz już nie jesteśmy czyści" (rozdział 25).

Z drugiej strony, rozpad rodziny oznacza dołączenie do społeczności nomadów. Zaczyna się to od połączenia Joadów z Wilsonami, w momencie śmierci dziadka: podczas tego trudnego wydarzenia Wilsonowie dzielą się swoją biblią i kocem. Ścisły krąg rodzinny zostaje więc złamany na rzecz pojęcia dużej wspólnoty rodzinnej: "Wieczorem stała się rzecz dziwna: dwadzieścia rodzin stało się jedną rodziną, dzieci były dziećmi wszystkich. Strata domu stała się jedną stratą, a złoty czas na Zachodzie jednym snem" (rozdział 17). Rodziny gromadzą się wokół ognisk i stają się jednym wielkim plemieniem. Poprzez to Steinbeck przedstawia siłę ludzkiej jedności i celebruje zdolności adaptacyjne, które widzi jako specyficzne dla gatunku ludzkiego: "W ten sposób zmienili swoje życie społeczne – zmienili tak, jak w całym wszechświecie tylko człowiek może się zmienić" (rozdział 17). Ostatnia scena jest szczególnie reprezentatywna dla zniesienia granic rodzinnych, ponieważ mleko Rose of Sharon, wyprodukowane dla jej zmarłego dziecka, zostaje użyte do uratowania obcego człowieka.

ODNIESIENIA FILOZOFICZNE

Dusza Najwyższa (Ralph Waldo Emerson)

Ralph Waldo Emerson (amerykański pisarz i filozof, 1803-1882) rozwinął filozofię idealistyczną, według której jednostka jest w stanie wejść w intymny rezonans z naturą.

Dokładniej rzecz ujmując, idea ta znajduje swoje echo u Kasjusza, a później u Toma. Dusza ludzka ożywia i kontroluje wszystkie ludzkie organy, nie jest prostą funkcją czy po prostu opcją, jest tym, na czym wszystko się opiera. Jest ogromna i nie można jej kontrolować; podczas gdy my jesteśmy niczym, ona jest wszystkim. Dusza czyni inteligencję człowieka geniuszem, czyni jego wolę cnotą i czyni jego uczucie miłością. Sublimuje wszystkie aspekty człowieka. Filozofia ta zachęca do uświadomienia sobie, że człowiek jest niczym i że musi być posłuszny duszy lub czystej naturze, aby pozwolić się kierować jej i temu, co jest poza nią.

Pragmatyzm (William James)

Filozofia empiryczna Williama Jamesa (filozof amerykański, 1842-1910), pragmatyzm, opiera się na założeniu, że wiedzę dają różne doświadczenia i pochodzi ona z wędrówki przez doświadczenia pośrednie.

Między pragmatyzmem a migrującymi pracownikami, którzy chętnie docierają na Zachód, można ustanowić związek: ci "włóczędzy" są integralną częścią amerykańskiej gospodarki kapitalistycznej, charakteryzującej się naprzemiennymi boomami i kryzysami. Gospodarka ta silnie wykorzystuje koncepcje zatrudniania i zwalniania siły roboczej. Pracownik sezonowy to marsz ku wiedzy. Innymi słowy, symbolizuje przejście od jednego doświadczenia do drugiego, od tradycyjnego rolnictwa do rolnictwa uprzemysłowionego: od doświadczenia pierwszych wspólnot pionierskich na Zachodzie, równych, wolnych i indywidualistycznych, do doświadczenia industrializacji, która stała się konieczna ze względu na charakter terytorium, kiedy żyzne ziemie zostały w całości wyeksploatowane i kiedy konieczne stało się uciekanie do wspólnoty (ze względów praktycznych i finansowych) w celu eksploatacji pozostałych zasobów.

Wschód Kontra Zachód

Opozycja między Wschodem a Zachodem ma charakter symboliczny:

• Wschód uosabia historię, sztukę i literaturę. Człowiek, który idzie na wschód, idzie drogą swoich przodków;

• Zachód reprezentuje przyszłość oraz ducha przygody i przedsiębiorczości. Droga na Zachód jest spokrewniona z instynktem wędrownym ptaków i czworonogów. Te naturalne zjawiska dotyczą również narodów i jednostek w pewnych okresach opowieści.

DALSZA REFLEKSJA

KILKA PYTAŃ DO PRZEMYŚLENIA...

- Jakie związki można ustalić między *Gronami gniewu* a *Idyllą*, powieścią Guy de Maupassanta?

- Jaka jest rola ciężarówki Joadsów w powieści?

- W jakim sensie *Grona gniewu są* rozwinięciem mitu pastoralnego?

- Podkreśl fragmenty w twórczości Steinbecka, które ilustrują zjawisko dewaluacji.

- Do jakich biblijnych rezonansów nawiązuje tytuł powieści?

- Czym różni się filmowa adaptacja *Gron gniewu* od książki?

- *Grona gniewu* wywarły również wpływ na muzykę. Podaj przykłady i omów je.

- Co można powiedzieć o roli mężczyzn w powieści?

- Rozwiń motyw "czerwonych" w powieści.

- Dlaczego Mama kilkakrotnie próbuje zrobić na złość mężowi?

DALSZE CZYTANIE

WYDANIE REFERENCYJNE

Steinbeck, J. (2016) *The Grapes of Wrath*. Maryland: Hamilton Books.

BADANIA REFERENCYJNE

Lemardeley-Cunci, M.-C. (1998) *Les Raisins de la colère de John Steinbeck*. Paris: Gallimard.

ADAPTACJE

Grona gniewu (The Grapes of Wrath). (1940) [Film]. John Ford. Reż. USA: Twentieth Century Fox Film Corporation.

Chcemy usłyszeć od Ciebie, co się dzieje!
Zostaw komentarz na temat swojej internetowej biblioteki
i podziel się swoimi ulubionymi książkami w mediach społecznościowych!

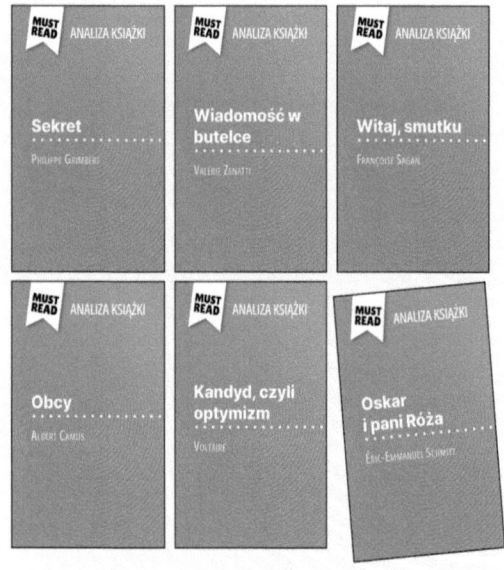

Wydawca zapewnia o wiarygodności publikowanych informacji, co jednak nie może wiązać się z jego odpowiedzialnością.

www.50minutes.com

Master ISBN: 9782808694971
Papierowy ISBN: 9782808616379
Depozyt prawny: D/2023/12603/1917

Verhaal: © Primento

Projekt cyfrowy: Primento, cyfrowy partner wydawców.